Josef Fendl

Das weißblaue Musterkofferl vom Sprüchmacher

Josef Fendl

Das weißblaue Musterkofferl vom Sprüchmacher

BAYERLAND

Von Josef Fendl sind außerdem erschienen:

Josef Fendls sprachlicher Firlefanz
344 weiß-blaue Wortwitze
80 Seiten, Format 12 x 17 cm, ISBN 3-89251-262-0

Weiß-blaue Gspassettl
Erster Teil
80 Seiten, Format 12 x 17 cm, ISBN 3-89251-277-9

Neue bayerische Gspassettl
80 Seiten, Format 12 x 17 cm, ISBN 3-89251-288-4

Die Teufelskatze
Heitere Geschichten und Sprüche über Gottes Bodenpersonal
80 Seiten, Format 12 x 17 cm, ISBN 3-89251-302-3

Sprüche zum Gesundlachen
350 Wortwitze rund um die Befindlichkeit
80 Seiten, Format 12 x 17 cm, ISBN 3-89251-291-4

Meuchelmord im Pröllerwald
128 Seiten, Format 14 x 21 cm, ISBN 3-89251-286-8

Bauernseufzer
2000 bayerische Kürzestgeschichten
272 Seiten, Format 12 x 18 cm, ISBN 3-89251-333-3

Verlag und Gesamtherstellung:
Druckerei und Verlagsanstalt »Bayerland« GmbH
85221 Dachau, Konrad-Adenauer-Straße 19

Umschlagmotiv: Hans Fischach

Alle Rechte der Verbreitung (einschl. Film, Funk und Fernsehen) sowie der fotomechanischen Wiedergabe und des auszugsweisen Nachdrucks vorbehalten.

© Druckerei und Verlagsanstalt »Bayerland« GmbH
85221 Dachau, 1997
6. Auflage 2005

Printed in Germany · ISBN 3-89251-248-5

»Bist jetz dös du gwen oder dei Bruader, der gstorbn is?« hat dersell Knecht an andern gfragt. »Dös muaß scho i gwen sei'«, hat der gsagt, »weil i mein Bruadern gestern erst troffa hab!«

*

»So ändern sich die Zeiten!« hat diesell Bäuerin gsagt. »Früher habn mir vor jedm Essn bet, und heut bet mer bloß no, wenn's Schwammerl gibt!«

*

»A Fleischkontrolle hat 's frühers aa scho gebn«, hat dersell Bauer gsagt, »wenn mir gschlacht habn, habn mir am Pfarrer und am Lehrer allerweil a Stückl gebn davo, und wenn nachher der Pfarrer am Sonntag auf der Kanzl gstandn is und der Lehrer am Montag Schul ghaltn hat, nachher hat am Fleisch nix gfehlt ...!«

*

»Wenn i net ins Kino geh derf«, hat dersell Bua zu seine Eltern gsagt, »nachher erzähl i überall, wia weng da Papa vadeant und wia ojd und wia schwaar daß d' Mama is ...«

»I glaub, daß jetz der Winter kimmt«, hat dersell Reihenhäusler gsagt, »unser Nachbar hat an Rasnmäher z'ruckbracht und hat d' Schneeschaufl z' leiha gnumma!«

*

»Hör mir nur grad af mit dem Wintersport«, hat dersell zu seim Freund gsagt, »seitdem i mit meiner Freundin beim Schifahrn gwen bin, fahrt mei Alte mit mir Schlittn!«

*

»Ich grüße meine Frau in Regensburg«, hat dersell Wunschkonzert-Anrufer gsagt, »meine Kinder in Augsburg und meinen Führerschein in Flensburg ...«

*

»Dös is koa Lenkradl, sondern a Harfn!« hat dersell Engl zum Autofahrer gsagt, wia der nach 'm Unfall im Himmi wach wordn is und si net recht auskennt hat.

»Springt er ebba net an?« hat dersell Automechaniker zum türkischn Gastarbeiter gsagt, wia der im Fenster sein Teppich ausgschüttlt hat.

*

»Gebn S' mir 's bittschön glei!« hat dersell Bua zu dem Herrn gsagt, der eahm a Markl versprocha hat, wenn er eahm af sei Radl afpaßt, »– wenn mer uns vielleicht hernach nimmer sehertn ...«

*

»Mir san a recht a musikalische Familie«, hat dersell Bua zum Lehrer gsagt, »der Opa spujt Mundharmonika, d' Oma Lotto, der Papa Schafkopf, mei großer Bruader an feina Maxi, mei Schwester die Beleidigte, und d' Mama spujt ab.«

*

»Mei Schwester hat an Stimmwechsl«, hat dersell Bua zu der Lehrerin gsagt, »zuerst hat s' an Tenor ghabt, und jetzt hat s' an Bariton!«

»Moanst du vielleicht, i hab mei Uhr für d' Preißn kaaft ...?« hat dersell Bayer gsagt, wia'n oaner af Hochdeutsch nach der Zeit gfragt hat.

*

»Woher hätt i dös wissn solln, daß er si grad a Fußballübertragung anschaut«, hat dössell Wei zum Richter gsagt, »i hab 'n bloß allerweil schrein hörn: ›Schiaß doch, schiaß doch ...!‹«

*

»Mei Vater kann si rasiern, während er Zigaretten raucht!« hat dersell Bua zum andern gsagt. »Dös is no gar nix«, hat der gsagt, »der mei kann sie d' Zehanägl schneidn, ohne daß er d' Sockn ausziaght!«

*

»Wo hast denn den her?« hat dersell Bauer gfragt, wia er an Neger mit am schönen Papagei gseghn hat. »Aus Afrika!« hat der Papagei gsagt.

»Dös is koa Wunder«, hat dersell Spatz zum andern gsagt, wia s' 'm Düsnjäger zuagschaut habn, »dem brennt ja der Hintern ...!«

*

»Wenns brav seids«, habn dieselln Staunzn (Mücken) zu ihre Junga gsagt, »nachher derfts morgn zu die Nackertn af 'n FKK-Strand!«

*

»Komisch«, habn dieselln Vögl gsagt, wia s' über 'n FKK-Strand gflogn san, »daß die alle af oamal in der Mauser san ...!«

*

»Pssst! Dös soll doch a Überraschung sei!« hat diesell Muatter gsagt, wia der Bua am Opa verratn hat, daß bei seiner Leich a Blaskapelln spujt.

*

»So, so«, hat der Hierangl gsagt, »der Oberhofer is gstorbn – drum kimmt er nimmer so oft zum Kartnspieln ...!«

»Sauber spujn wennst net tuast af der Leich vo meim Vatern«, hat dersell Bauer zum Lehrer gsagt, »nachher stirbt vo unserer Verwandtschaft so schnell koaner mehr!«

*

»Wer bringt Licht und Wärme in mein Leben?« hat diesell 40jährige inseriert, und nachher hat s' bloß zwoa Zuschriftn kriagt: vom Elektrizitätswerk und vom Gaswerk.

*

»Dös is aber a komische Heiratsanzeig!« hat dössell Wei gsagt, wia s' in der Zeitung glesn hat: »Liebhaber sucht alte Schatulle!«

*

»Seit mir gheirat san, habn mir no koa oanzigs Mal gstrittn!« hat diesell junge Frau erzählt. »Hoffentlich bleibt's in der zwoatn Woch aa a so!«

»I woaß net, was is«, hat diesell Bäuerin gsagt, »mir wird af oamal so warm ums Herz!« »Dös glaub i«, hat der Bauer gsagt, »du bist ja mit deiner ganzn Brust in der Suppnschüssl drin!«

*

»Die ganze Nacht hat mir der Kopf wehto«, hat diesell Bäuerin gsagt, »aber wia i afgstandn bin, hab i gseghn, daß d'Füaß gwen san. I bin verkehrt im Bett drin glegn!«

*

»Jetzt schlaf i im Heu!« hat dersell Bauer nach 'm achtn Kind gsagt. »Wennst moanst, daß dös hujft«, hat d' Bäuerin gsagt, »nachher geh i mit!«

*

»Hast ebba du da drin aa Weiber?« hat diesell Gäubauerntochter gfragt, wia ihr Freund von der schönen Fauna und Flora im Bayerischn Wald gschwärmt hat.

»I geh jetz zum Angln!« hat dersell zu seim Wei gsagt. »Vuj Spaß!« hat s' eahm nachgrufn, »die Forelle hat am Vormittag a so scho dreimal angrufn!«

*

»Liebes- oder Vernunftheirat?« hat dersell Gschäftsmo sein Buam gfragt. »Alles miteinander«, hat der Bua gsagt, »'s Vermögn aus Liebe und d' Frau aus Vernunft!«

*

»Jedsmol wenn i oan aus Liebe heiratn taat«, hat dössell Weiberleut gsagt, »nachher hat er koa Geld ...!«

*

»Damenbesuche«, hat diesell Zimmerwirtin zum Studenten gsagt, »sind selbstverständlich nicht erlaubt. I hab selber drei Töchter in dem Alter!«

»Dreißg Jahr hab i braucht«, hat diesell Bäuerin von ihrm Buam gsagt, »bis i aus dem Laddürl a Mannsbujd gmacht hab, und nachher kimmt dö Heugeign und macht in drei Wochn an Narrn aus eahm!«

*

»So sand s', dö Mannsbujder!« hat dössell Deandl gsagt, wia 's d' Muatter gschimpft hat, weil 's obn rum a so z'rupft war, »a jeder zupft umanand und zuabindn tuat koaner!«

*

»Sie hat ja an Helm af!« hat diesell Muatter gsagt, wia s' d' Nachbarin gfragt hat, ob sie koa Angst hat, wenn ihr Tochter allerweil mit am junga Mann ins Holz außifahrt.

*

»I bin ganz krank«, hat diesell Muatter zu der andern g'sagt, »mei Tochter erzählt mir nix mehr!« »I bin aa total fertig«, hat die ander gsagt, »mei Tochter erzählt mir nämli alles ...!«

»I glaub, mi hat der Amor mit 'm Maschinengewehr derwischt!« hat dersell Soldat gsagt, wia s' 'n gfragt habn, warum er glei fünf Freundinnen hat.

*

»Komisch«, hat dersell Reihenhäusler zum andern gsagt, »bei uns hat der Maler vier Tag braucht und bei euch bloß zwoa ...!« »Ja mei«, hat der gmoant, »unser Deandl is neun Jahr alt, und dö euere neunzehn!«

*

»Von drei Sortn Manner sollterst d' Finger lassn«, hat diesell Muatter zum Deandl gsagt, »von dö jungen, von dö altn und von dene dazwischn ...«

*

»Dös mit der Liab is a so a Sach«, hat dersell Bauer gsagt, »sie hat daselmst an schöna Stier ghabt, den i unbedingt braucht hab; hergebn hat s' 'n net, – nachher hab i s' halt gheirat ...«

»I tauschert mei bessere Hälfte gern gegn zwoa jüngere Viertl ei!« hat dersell Hallodri gsagt.

*

»Nna, nna, a andere hat er net«, hat diesell Lehrerin von ihrm Mann gsagt, »der mag ja net amol mi!«

*

»A Kavalier is a Mann«, hat dersell Lehrer gsagt, »der seiner Frau 's Gartntürl afmacht, daß sie d' Aschntonne af d' Straß stelln ko!«

*

»Es is koa giftiger dabei ...!« hat diesell Bäuerin gsagt, wia s' 'm Pfarrer a Körbl voll Schwammerl bracht hat. – »I hab 's an meim Mo ausprobiert!«

*

»Du hast glei vier Freundinnen«, hat dersell Mo zu seim Wei gsagt, »und mir vergunnerst net amol oane!«

»Dös is jetz recht z'wider, hat dersell Hallodri gsagt, »mei Frau hat ghört, daß i a Geliebte hab, und mei Geliebte hat ghört, daß i a Frau hab!«

*

»... hat er wieder a Dumme gfunden, dö si an dö Benzinkosten beteiligt!« hat dössell Wei gsagt, wia s' ihr erzählt habn, daß ihr Mo mit seiner Sekretärin af Paris gfahrn is.

*

»Bsonders dös blonde!« hat dössell Wei gsagt, wia ihr Mo gschimpft hat, daß 's Autozubehör allerweil teurer wird.

*

»I glaub, mei Wei schmiert mi aus!« hat dersell Beamte gsagt. »Jetz san mir vo Rengschburg af Minga zogn und habn allerweil no den gleichn Postbotn ...«

»Dös wird aber a Umstellung werdn für 'n Bauern«, hat diesell Dirn gsagt, wia d' Bäuerin gsagt hat, daß s' geh kann, weil a Melkmaschin af 'n Hof kimmt.

*

»Ja, was glaubst denn du, warum i di vergift hab!« hat diesell Bäuerin gsagt, wia ihr der Mo af 'm Sterbebett beicht hat, daß er jahrelang ebbs mit der Dirn ghabt hat.

*

»Hoffentli versteh i dös Kind überhaupts!« hat diesell Dirn gsagt. »Sei Vater is nämli a Tiroler!«

*

»Dös is vielleicht a Service!« hat dersell Vater in der Klinik gsagt, wia d' Schwester mit Drilling kemma is. »Gebn S' mir den Linksaußen!«

*

»I hab koan Vatern und koa Muatter«, hat dössell Deandl gsagt, »i bin dös Kind vo meiner ledign Tante!«

»Wer heirat«, hat dersell Pfarrer gsagt, »hat einen Hafen im Sturm, aber no vui öfter einen Sturm im Hafen!«

*

»Bist jetz endli im Hafen der Ehe gelandet?« hat dersell zu am Bekanntn gsagt, wia er 'n mit ana Frau troffn hat. »Nna«, hat der gsagt, »i bin eigentli no allerweil bei dö Hafnrundfahrtn!«

*

»... wia sie aa af 's Hochzeitsfoto wolln hätt!« hat dersell gsagt, wia 'n der Richter gfragt hat, wann er zum erstn Mal mit seim Wei gstrittn hat.

*

»Zwengs dö vujn Martyrer!« hat dersell Vater zum Buam gsagt, wia der gfragt hat, warum der Pfarrer allerweil vom *heiligen* Ehestand predigt.

*

»Mir hat 's einfach im Wirtshaus nimmer gfalln!« hat dersell Bauer gsagt, wia s' 'n gfragt habn, warum er gheirat hat. »Und jetza gfallt 's ma wieder!«

»Man schiaßt doch allerweil, wenn a Kriag angeht!« hat dersell Burgermoaster gsagt, wia 'n der Sommerfrischler gfragt hat, warum bei der Hochzeit vo seim Deandl d' Böller gschossn habn.

*

»25 Jahr«, hat dersell Bauer gsagt, wia 'n der Pfarrer gfragt hat, wia lang er scho gheirat is, »fünf Jahr mitanander und zwanzg Jahr gegnander!«

*

»Wenn i damals 25 Jahr Zuchthaus kriagt hätt«, hat dersell Silberhochzeiter gsagt, »waar i morgn a freier Mann!«

*

»26 Jahre lebte er als Mensch«, hat dersell Pfarrer bei der Beerdigung von am Achzgjahrign gsagt, »und 54 Jahre als Ehemann.«

»Zwoamal in seim Lebn soll der Mann d' Händ von de Frauen lassn«, hat dersell Lehrer am Stammtisch erzählt, »vor der Hochzeit und nach der Hochzeit!«

*

»... bloß zwoa Minutn lang ...!« hat dersell Fotograf an Bräutigam bettlt, wia eahm der net glückli gnua dreigschaut hat.

*

»Wenn von uns zwoa amol oans stirbt«, hat dersell Bauer zu seim Wei gsagt, »nachher ziagh i in d' Stadt!«

*

»Mir zwoa passn guat z'samm«, hat dersell Hochzeiter zu der Hochzeiterin gsagt, »i mog di net, und du mogst mi net!«

*

»Af den is aa koa Verlaß!« hat dersell Bauer vom Doktor gsagt. »Vor drei Wochen hat er gsagt, 's Wei macht 's nimmer lang, und jetz lebt s' allerweil no!«

»Dir gang i net amol mit der Leich, wennst sterberst!« hat diesell Bäuerin zu ihrm Mo gsagt. »Sieghst«, hat der gmoant, »und i gang so gern mit der dein ...!«

*

»An dem mein hob i mi scho ganz abgseghn!« hat diesell Bäuerin gsagt, wia d' Nachbarin gsagt hat, daß sie hoamgeht und sich den »Alten« anschaut.

*

»... und was hast nachher kriagt dafür?« hat dössell Wei gfragt, wia ihr d' Nachbarin erzählt hat, daß sie mit ihrm Mo af der Versteigerung gwen is.

*

»Dö ganze Nacht«, hat diesell Bäuerin gsagt, wia der Bauer bsoffn aus 'm Wirtshaus hoamkomma is, »dö ganze Nacht hab i koa Aug zuato!« »Moanst vielleicht i?« hat der Bauer gsagt.

»Dös stimmt net!« hat dersell Bauer zu der Bäuerin gsagt, wia 's bei der goldenen Hochzeit gjammert hat, daß er ihr no nia Blumen kaaft hat. »'s Brautbukett vor 50 Jahr!« – »Ja«, hat sie gsagt, »und wer hat 's zahlt? I!«

*

»Neun Jahr«, hat dersell Bua gsagt, wia s' 'n gfragt habn, wia ojd er is. »Aber d' Mama sagt, wenn si der Papa mehr traut hätt, waar i scho zwölf Jahr ojd ...!«

*

»Hoffentlich legt si heut unser Nachbarin wieder im Bikini in 'n Gartn!« hat dössell Wei gsagt, »weil dann mei Mo an Rasn mahert ...!«

*

»Wia mei Mo«, hat diesell Bäuerin gsagt, wia s' ihrm Gickerl zuagschaut hat, »der rennt aa jeder blödn Henna nach!«

»Wo is 'n der Waschlappn?« hat d' Tochter aus 'm Bad gschrien. »Der holt grad Zigrettn!« hat d' Muatter gsagt.

*

»I gang halt nachher amol zum Tierarzt!« hat dössell Wei gsagt, wia ihr Mo gjammert hat, daß eahm hundselend und er allerweil saumüad ist.

*

»Mei Mo hat vielleicht a Glück!« hat dössell Wei gsagt. »Gestern hat er si in d' Versicherung afnehma lassn, und heit habn s' 'n derfahrn!«

*

»Was bei uns a bisserl a Mo is«, hat dersell Bua gsagt, wia 'n der neue Kooperator gschimpft hat, weil er mit an Deandl beieinandergstandn is, »der raucht, trinkt und hat a Gspusi!«

*

»I kann dös net mit anschaughn, wias di du plagst!« hat dersell Bauer zu seim Wei gsagt – und is ins Wirtshaus ganga.

»Ah, da bist ...!« hat dersell Bierdimpfi zu seim Wei gsagt, wia er recht spät hoamkemma is, »... und i hab di in alle Wirtshäuser gsuacht ...!«

*

»Muaßt halt weniger essn!« hat dersell Mo zu seim Wei gsagt, wia s' eahm erzählt hat, daß sie Platzangst hat.

*

»Im ersten Jahr geht es um die Vorherrschaft«, hat dersell Redner in seim Ehevortrag gsagt, »im zweitn um die Gleichberechtigung und im drittn um 's nackte Überleben ...!«

*

»... die aus Frankn waar halt bujdsauber«, hat dersell Heiratsvermittler gsagt, »und die aus der Schweiz stoareich!« »Aus der Fränkischn Schweiz hast koane?« hat der Heiratslustige gfragt.

»Solltn ma net no fünf Jahr wartn«, hat dersell Mo gsagt, wia 's Wei d' Silberhochzeit feiern wollt, »und liaber an 30jährigen Kriag begeh ...?«

*

»Bei mir is' 's genau umkehrt!« hat dersell Stammtischler gsagt, wia sei Nachbar gmoant hat, daß er jetz hoam muaß, weil 's Dienstmadl verreist und d' Frau alloans is ...

*

»I aa!« hat dersell hingschriebn und is gangen, wia er dahoam am Tisch an Zettl von scim Wei gfundn hat: »Komme etwas später, bin bei meiner Freundin!«

*

»Ganz guat!« hat dersell Strohwitwer gsagt, wia s' 'n gfragt habn, wia 's eahm geht. »Meine Sockn kann i jetz scho von de zwoa Endn her oziaghn!«

»Ans Elektrische lang i net hin«, hat dersell Bauer gsagt, »dös macht mei Wei, damit wenigstens a Mann im Haus is, wenn was passiert!«

*

»A Halstüachl für mei Frau!« hat dersell im Modesalon gsagt. »Das soll wohl eine kleine Überraschung werden?« hat d' Verkäuferin gfragt. »Nna nna, dös wird scho a große«, hat der Kunde gmoant, »sie wollt nämli an Nerz!«

*

»Der Nachbar is 's aa net wert«, hat dersell Bauer gsagt, »daß eahm 's Wei gstorbn is!«

*

»Jetz mach i mir allmählich Sorgen!« hat dersell Urlauber am Strand gsagt, wia sei Wei nach acht Stund no net aus 'm Wasser z'ruckkomma is.

*

»Dös derlebst nia und nimmer«, hat dersell Bauer zu seim Wei gsagt, wia s' ihn auf 'm Sterbebett gfragt hat, »daß i no amol heirat!«

»A Dunkls (Bier)«, hat dersell Baur zum Wirt gsagt, »weil mei Alte gstorbn is!«

∗

»Dös macht nix«, hat dössell Deandl gmoant, wia s' ihr gsagt habn, daß ihr Zukünftiger stottert; »wenn mir amol gheirat san, nacher hat er eh nix mehr zum sagn ...!«

∗

»Bei uns bin i der Herr im Haus!« hat dersell Siemandl recht angebn. »Ja«, habn dö andern glacht, »wenn dei Wei net dahoam is ...«

∗

»Dahoam hab fei *i* d' Hosn an!« hat dersell Siemandl im Wirtshaus erzählt. »... bloß sieght ma s' net unter der Schürzn!« habn seine Stammtischbrüader glacht.

∗

»I hab glogn«, hat dersell Siemandl am Pfarrer beicht, »– i hab mi bei der Volkszählung als Haushaltsvorstand eitragn lassn!«

»Warum soll i meiner Frau net putzn helfn?« hat dersell gsagt, »sie hilft mir aa beim Abspüln!«

*

»I glaub, dö habn frühers aa scho net gern abgspült ...!« hat dersell Siemandl zum andern gsagt, wia s' im Museum den Diskuswerfer des Myron angschaugt habn.

*

»Schad, daß 's koa Bua is!« hat dersell Vater in der Klinik gsagt, »– der hätt mir später so schö beim Abspüln helfa könna ...!«

*

»Dös is net der mei!« hat dersell gsagt, wia s' 'n gfragt habn, warum er sich an Mantl selber flickt, »der ghört meim Wei!«

*

»Zwee san zwee!« hat si dersell Siemandl gsagt und hat sein Huat af 'm Haglstecka tragn, wia er in der Nacht vom Wirtshaus hoam is.

»Dös is doch bei uns genau a so!« hat dersell Siemandl gsagt, wia sei Wei aus der Zeitung außerglesn hat, daß dö Neger eahrane Frauen erst nach der Hochzeit kennalerna.

*

»I bin ja in der Minderheit!« hat dersell gsagt, wia s' 'n gfragt habn, warum er sich dös gfalln laßt, daß sei Frau zwoa Liebhaber hat.

*

»Dös is koa neus Gwand, dös is a neus Wei!« hat dersell gsagt, wia seine Kollegn gmoant habn, daß seiner Frau dös neue Kleid recht guat steht.

*

»... seit der Scheidung koane mehr!« hat dersell gsagt, wia 'n sei Freund gfragt hat, ob er scho amol fliegende Untertassen gseghn hat.

*

»Mit dö Weiber is 's a so a Sach«, hat dersell Junggsell gsagt, »oane is z'vuj und koane is z'weng!«

»Ein Junggeselle ist jemand«, hat dersell Lehrer gsagt, »dem zum Glück die Frau fehlt!«

*

»Vorher net, aber seitdem scho öfters!« hat diesell junge Ehefrau gsagt, wia s' jemand gfragt hat, ob sie vor der Hochzeit an Polterabend ghabt habn.

*

»I woaß 's net«, hat diesell junge Hausfrau gsagt, wia s' der Mo gfragt hat, was 's heut z' essn gibt, » – af der Büchsn war koa Etikett mehr drauf ...!«

*

»I bleib bei meiner Altn!« hat dersell Bauer im Wirtshaus gsagt, wia s' über d' Scheidung gredt habn, »brauchstas – hastas, brauchstas net – liegts s' aa guat nebn deiner!«

»Mei, i glaub, i hab vergessn, daß i an Kleiderschrank wieder afgsperrt hätt ...«, hat dössell Wei gsagt, wia s' in der Zeitung glesn hat, daß d' Post an Briafträger suacht.

*

»Raffa tan mir öfter, i und mei Mo«, hat diesell Bäuerin zum Pfarrer gsagt, »aber gstrittn habn mir no nia!«

*

»Man solltert zwoa Weiber habn derfa«, hat dersell Häuslmo philosophiert, »a schöne fürs Bett und a reiche für d' Kuchl ...!«

*

»... hab ja i aa net gwart!« hat diesell Muatter gsagt, wia der Vater zum Deandl gsagt hat, daß s' no wartn soll, bis amol der Richtige kimmt.

*

»Wenn mir der gleichn Ansicht san«, hat diesell vor der Hochzeit zu ihrm Zukünftign gsagt, »hast du recht; wenn ma verschiedner Ansicht san, hab i recht!«

»Gell, mir mögn unsere Weiber scho«, hat dersell Taubngirgl zu seim Freund gsagt, »aber a Taubn is a Taubn!«

*

»Wia schö kanntn 's mir zwoa habn«, hat dersell Bua zu seim Vatern gsagt, »wennst du d' Muatter net geheirat hättst!«

*

»Tua die net owi (gräm dich nicht)!« hat dersell Bauer zu seim Wei gsagt, wia er s' im Krankenhaus bsuacht hat, »an Nachbarn sei Kuah is aa wieder gsund worn!«

*

»Vielleicht hat s' a Bekannte troffa und ratscht mit ihr ...!« hat dersell gmoant, wia eahm im Hallenbad oaner gsagt hat, daß sei Wei vor a na halbn Stund unter-, aber seitdem nimmer aftaucht is ...

»... viel frisches Fleisch!« hat dersell am Badeweiher zu seim Nachbarn gsagt. »Ja«, hat der gseufzt, »und i hab mei Konservnbüchsn mitnehma müassn!«

*

»Da kannst recht habn!« hat dersell Schuaster gsagt, wia da Schneider gmoant hat, daß 's Heiratn a Lotteriegspuj is', »i muaß seinerzeit an Trostpreis derwischt habn!«

*

»Ja, i hab aa oane dahoam!« hat dersell Bauer gsagt, wia der Lehrer erzählt hat, daß auf der Erd fürchterliche Naturerscheinungen gebn ko.

*

»A Dicke is praktisch«, hat dersell Hochzeiter gsagt, »im Winter hat mer a warms Bett und im Sommer an Schattn!«

»I hab ghört, du möchst wieder heiratn?« hat dersell Pfarrer zu der Bäuerin gsagt. »Ja mei«, hat 's gmoant, »in vierzehn Tag wird 's scho drei Wochn, daß mir der Mo gstorbn is!«

*

»Zur Strafe oder zur Erholung?« hat dersell Mo gfragt, wia sei Wei aus der Zeitung glesn hat, daß oaner ins Gefängnis kemma is, weil er mit drei Frauen gleichzeitig gheirat gwen is.

*

»Ich auch!« hat dersell Lehrer 'm Finanzamt z'ruckgschriebn, wia 's moniert hat: »Wir vermissen die Einkünfte Ihrer Frau!«

*

»Spachtlst du noch oder lackierst du schon?« hat dersell Malermeister sei Frau gfragt, wia s' af d' Nacht fortgangen san.

»Mei Wei hätt am liabern drei Viecher«, hat dersell erzählt: »an Nerz zum Umhänga, an Jaguar zum Fahrn und an blödn Hund, der dös alles zahlt ...«

*

»Für 's Wei?« hat diesell Verkäuferin gfragt, wia oaner Damenstrümpf kaaft hat, »oder darf 's ebbs Bessers sei?«

*

»... bist scho z' spät dran!« hat diesell Bäuerin zum Knecht gsagt, wia er s' af der Leich vo ihrm Mo gfragt hat, ob s' 'n net heiratert ...

*

»Oamal hätt aa glangt!« hat dössell Wei gsagt, wia ihr der Mo erzählt hat, daß er bald zwoamal überfahrn wordn waar ...

*

»Ruhe in Frieden«, hat dössell Wei auf 'n Grabstoa von ihrm Mann schreibn lassn, »bis wir uns wiedersehen!«

»Hoffentli kimmt er in Himmi«, hat diesell Bäuerin beim Bauern seiner Leich zum Pfarrer gsagt, »und net in d' Höll, wo alle seine Weibsbujder drinhockn ...!«

*

»Af Weihnachtn schenkn mir uns heuer bloß was zum Anziaghn«, hat dössell Wei zu ihrm Mo gsagt, »wia zum Beispiel Krawattn und Nerzmäntl ...«

*

»Warum in die Ferne schweifen, wenn das Gute liegt so nah ...?« hat dersell am Naherholungssee gsungen. »... die Gute, die Gute!« hat'n sei Wei verbessert.

*

»... und wia lang muaßt no?« hat dössell Deandl gfragt, wia d' Mama gsagt hat, daß s' scho zeha Jahr mit 'm Papa verheirat is.

»Mei Onkl hat ganz umsonst studiert«, hat dersell Bua gsagt, »er hat neun Sprachn glernt, aber mei Tante laßtn net zum redn kemma!«

*

»A solchener Feigling!« hat dersell Bua gsagt, »allerweil wenn d' Mama wegfahrt, nachher schlaft der Vater bei der Nachbarin, weil er si alloans fürcht!«

*

»Geh, Wei, geh du owi!« hat dersell Bauer gsagt, wia s' in der Nacht bei eahm eibrocha habn, »i werd allerweil glei so grob!«

*

»Da sollterst aa mitfahrn!« hat dersell Bauer zu seim Wei gsagt, wia er im Paternosteraufzug a Alte hat affifahrn und a Junge hat owakemma seghn.

»Warum schaust 'n beim Betn allerweil mi an?« hat diesell Bäuerin ihrn Mo gfragt. »Net 'n ganzn Vaterunser lang«, hat der gsagt, »grad bei ›Erlöse uns von dem Übel. Amen!‹«

*

»Schau no grad, was mei Alte heut wieder für Augn macht ...!« hat dersell Bsuffene zum andern gsagt, wia s' in der Nacht af 'm Bahngleis hoamganga san und a Zug kemma is.

*

»I hab dein Mann scho zwoa Wochn nimmer troffa!« hat dössell Wei gsagt, wia s' d' Nachbarin gfragt hat, ob s' gestern den »Blauen Bock« gseghn hat.

*

»Wenn dir dö Wassersuppn net taugt«, hat diesell Bäuerin zu ihrm Mo gsagt, »nachher schlag i mir zwoa Oar ei und iß s' selber!«

»Dös is vielleicht a Gwerg«, hat diesell Bäuerin am Kirtasamstag gsagt, »Küachl sollt i bacha, der Mo liegt im Sterbn, und af d' Nacht möcht i af 'n Feuerwehrball geh ...!«

*

»Geh außer!« hat diesell Bäuerin zum Bauern gsagt, »der Viehhandler is da und möcht an Ochsn seghn!«

*

»Jetz san mir Einheimischn endlich wieder unter uns!« hat dersell Knecht zum Ochsn gsagt, wia d' Urlauber weggfahrn san.

*

»A weng handsamer wennst waarst«, hat dersell Bauer zu seim Ochsn gsagt, »kanntn mir zwoa z'sammlebn wia Brüader ...!«

*

»I werd doch net ganz auslaffa?« hat dersell Bauer gsagt, wia er si beim Regna zum Biesln unter d' Dachrinn gstellt ghabt hat.

»Heut regnt's aber warm!« hat dersell Bauer gsagt, wia er in der Nacht vor der Haustür gstandn is und der Knecht vom Schrout (Balkon) owabieslt hat.

*

»Jetz wird er halt aa scho alt, der Petrus!« hat dersell Bauer gsagt, wia's eahm zum drittn Mal 's Heu verregnt hat.

*

»Also, mir san scho vuj auskemma in meim Lebn«, hat dersell Bauer gsagt, wia er si im Bierzelt versehentlich af an Luftballon gsetzt hat, »aber d' Fetzn san mir no nia davongflogn ...!«

*

»Buam«, hat dersell Bauer gsagt, »d' Welt dürfts euch scho anschaughn, aber af d' Nacht müaßt 's wieder dasei zu der Stallarbeit!«

»Was kritisierst denn allerweil?« hat dersell Bauer zu seim Buam gsagt, »wenn aa die Zithern koane Saitn mehr hat, zum Lerna taugt s' scho no!«

*

»Dös gibt's net«, hat dersell Bauer gsagt, »bei der Arbert wird net graucht!« »I arbert ja net!« hat der Knecht gsagt.

*

»Mirk doch af!« hat dersell Bauer gschimpft, wia eahm der Knecht an Dachziagl af 'n Kopf falln hat lassn, »– hättst leicht an Ochsn treffn könna!«

*

»Dös muaß an anderne Rass sei«, hat dersell Bauer gsagt, wia eahm der Motorradlfahrer a überfahrne Henn zoagt hat, »mir habn koa so flache!«

»Kennst du an Unterschied zwischn 'm Christkindl und dei'm Wei?« hat dersell Knecht an Bauern gfragt. »'s Christkindl hat bloß oa Nacht nebn am Esl gschlafa ...!«

*

»Gestern hab i an Omnibus ausgschmiert«, hat dersell Knecht gsagt, »i hab mir a Fahrkartn kaaft, und nachher bin i net mitgfahrn!«

*

»Da muaß 's irgendwo brennt habn!« hat dersell Knecht gsagt, wia er in der Stadt an Bus voller Neger gseghn hat.

*

»Dös schaut bloß a so aus!« hat dersell Bauernknecht gsagt, wia s' eahm gsagt habn, daß er d' Zeitung verkehrt in der Hand halt, »i bin nämli a Linkshänder!«

»Ja, aber d' Dirn hat scheint 's aa a paar Spritzer derwischt!« hat dersell Bauer gsagt, wia sie der Pater erkundigt hat, ob sei Segn gegn Unfruchtbarkeit im Stall was gholfn hat.

*

»Zahnweh kenn i nimmer«, hat dersell Bauer gsagt, »weil mir getrennt schlafn, meine Zähn und i!«

*

»Schad, daß d' net dagwesn bist, wia mei Stadl abbrennt is«, hat dersell Bauer zum Feuerschlucker im Zirkus gsagt, »da hättst di vollfressn könna ...!«

*

»Dös Bujdl hätt i aa weggworfa!« hat diesell Dirn gsagt, wia s' af der Straß an altn Spiagl gfundn und neigschaut hat.

*

»Schaust du greisli aus!« hat dersell zu seim Kollegn gsagt. »Ja mei«, hat der gmoant, »mei Friseur hat af Selbstbedienung umgstellt ...!«

»Der in der Mitt bin i!« hat dersell Knecht gsagt, wia er si mit seine zwoa Ochsn fotografiern hat lassn und 's Bujdl überall umananderzoagt hat.

※

»Du sieghst ganz mir gleich!« hat diesell Tante zu ihrm Neffn gsagt. »Dös macht nix«, hat der gmoant, »a Bua braucht ja net schö sei'!«

※

»Da sieght ma 's erst«, hat dersell Bauer gsagt, wia er in der Stadt dö Schaufensterweiber gseghn hat, »was mir dahoam für an Zeug habn!«

※

»D' Hauptsach, ihr seids glückli!« hat dersell Bauer gsagt, wia eahm der Sommerfrischler d' Photographie von seiner Frau zoagt hat.

※

»I möcht bloß wissn«, hat dersell gsagt, wia eahm bei der Safari-Tour a Gorilla sei Wei verzogn hat, »was der an meiner Altn findt ...!«

»Nna, Sie könna scho no afspringa!« hat der von der Müllabfuhr gsagt, wia dössell Wei d' Aschntonne außizaart und gfragt hat, ob s' ebba scho z' spät dran is.

*

»Eva war die erste, aber nicht die letzte Frau«, hat dersell Pfarrer predigt, »die nix zum anziehn ghabt hat ...«

*

»Mei Mo is fast ganz aus Metall«, hat dössell Wei gsagt, »Gold im Mund, Silber im Haar und Blei im Hintern ...«

*

»Steck 's schnell ei, sonst spannt 's der Moaster!« hat dersell Baderlehrbua zum Bauern gsagt, wia er eahm 's Ohrwaschl abgschnittn ghabt hat.

*

»Komisch«, hat dersell Bauer gsagt, »je mehr Zähn mei Alte verliert, um so bissiger wird s'!«

»Z' schwaar san S' net, aber z' kloa!« hat dersell Doktor zum Bräumoaster gsagt. »Bei Eahram Gwicht derfatn S' ruhig drei Meter zwanzg groß sei!«

∗

»A so a Operation hab i mir fei vuj schlimmer vorgstellt«, hat dersell Bedlmo gsagt, wia s' 'n im Kranknhaus zerscht amol gscheit gwaschn habn.

∗

»Jetz wenn i 's wissert, was i macha sollt«, hat diesell Dirn gsagt, wia s' zum Tanzn ganga is, »entweder höher auffi oziaghn oder weiter owi waschn ...«

∗

»Ja mei, wia i 's anzogn hab, da hat 's 20 Grad minus ghabt!« hat dersell gsagt, wia s' 'n gfragt habn, warum er im Sommer so dicke Wollsockn anhat.

»'s Haus verliert nix!« hat diesell Bäuerin gsagt und hat am Vatern seine Söckl aus 'm Krauthafa außerzogn.

*

»I hab mi aber scho gwaschn!« hat diesell Patientin ganz beleidigt gsagt, wia der Doktor bei der Untersuchung Gummihandschuah anzogn hat.

*

»Frühers is 's genau umkehrt gwen«, hat dersell Opa gsagt, wia er af a Grillparty eigladn gwen is, »da is der Abort draußt gwen und der Ofa drin ...!«

*

»Paß auf, daß d' nix verschüttst!« hat diesell Bäuerin gsagt, wia ihr Mo beim Feueralarm sein Helm unterm Bett vürazogn hat.

*

»... grad daß i no ins Bett neikemma bin«, hat dersell Knecht gsagt, »sonst hätt i in d' Hosn gmacht!«

»Guat bin i hoamkemma«, hat dersell Knecht gsagt, wia er aus der Odlgruabn außergstiegn is »– bis af die letztn Meter!«

*

»Da riacht 's so komisch!« hat dersell Roßknecht gsagt. »Habts ebba a frische Luft einerlaßn?«

*

»Die schmeckt guat!« hat dersell Knecht gsagt, wia er in der Stadt hinter a feinen Dame hergangen is, »aber die hat sicher aa was Bessers gessn wia i!«

*

»Um d' Joppn waar's mir ja net«, hat dersell Knecht gsagt und hat mit der Stang in der Odlgruabn umanandergsuacht, »– aber d' Brotzeit hab i drin!«

*

»Es tröpflt si' z'samm!« hat diesell Toilettnfrau gsagt, wia sie s' gfragt habn, wia 's Gschäft geht.

»Da muaß aber oaner a ruhige Hand habn!« hat dersell gsagt, wia er im Fasching af 'm Klo koa Papier, sondern bloß a paar Luftschlangen gfunden hat.

*

»Guat hat 's gholfn, dös Abführmittel«, hat dersell Bauer zum Apotheker gsagt, »bloß dö ganze Lederhosn hat 's mir z'fressn!«

*

»Dös wird scho der richtige Doktor sei für mi!« hat dersell Dicke gsagt, wia er am Gartntürl glesn hat: Dr. med. vet.

*

»Jetz derfatst dennerscht amol zum Doktor geh und dir deine Maßkruagscherbn außertoa lassn!« hat demselln Bierdimpfi sei Wei gsagt. »Dös is jetz scho dös dritte Kopfkissen, dös d' mir afarbertst ...!«

»Bei dem bleibn mer!« hat dersell Bauer zu seim Wei gsagt, wia er beim Doktor a Skelett gseghn hat, »der hat 's Ersatzteillager aa glei dabei!«

*

»Schöner schreibn brauchst net!« hat dersell Bauer zum Doktor gsagt. »A Jahr lang bin i jetz mit deim Rezept umersunst mit 'm Bus gfahrn, ins Museum ganga, und jetz krieg i aa no a Rentn!«

*

»Unser Bua is vielleicht intelligent«, habn dieselln Eltern gsagt, »er hat für dös Puzzle, wo drauf steht ›6–8 Jahre‹ bloß drei Wochn braucht ...!«

*

»Von der Ziege haben wir die Milch«, hat dersell Lehrer diktiert, » – und vom Bock das Bier!« hat der Bua gsagt.

»Unser Kuah«, hat dersell Bua zum Lehrer gsagt, »gibt zwölf Liter Muich, zwoa Liter trink mer selber und sechzehn Liter verkaaf mer die Leut!«

*

»Der Affe unterscheidet sich vom Menschen dadurch, daß er nicht reden kann«, hat dersell Bua im Aufsatz gschriebn, »könnte er sagen: ›Ich bin ein Affe‹, dann wäre er ein Mensch.«

*

»Fährst du rückwärts an den Baum, verkleinert sich der Kofferraum ...!« hat dersell Bua deklamiert, wia der Lehrer gfragt hat, ob oaner a Naturgedicht aufsagn kann.

*

»Was? Zeha Jahr und scho raucha?« hat dersell Lehrer zum Schulbuam gsagt. »– aber dafür mach i mir nix aus dö Weiber!« hat der gsagt.

»I derziagh 's scho no!« hat dersell Bua gsagt, wia 'n der Lehrer gfragt hat, ob er net a Taschntuach brauchert.

*

»Dös freut 'n bestimmt«, hat dersell Bua gmoant, wia der Lehrer gsagt hat, daß sei Vater graue Haar kriagt, wenn er dös Zeugnis siehgt, »– weil bis jetz hat er a Plattn!«

*

»Dös hab i meim Freund gliehen«, hat dersell Bua gsagt, wia d' Mama 's Zeugnis seghn wollt, »– der möcht sein Papa schrecka damit ...!«

*

»Dös is dös beste Zeugnis von der ganzn Klass!« hat dersell Bua zu seim Vatern gsagt. »Aber du muaßt es schnell lesn, weil 's mei Freund glei wieder habn möcht!«

»Erinnern S' Eahna no?« hat dersell Zahnarzt zum Patientn gsagt und hat an Bohrer gnommen, »– als Lehrer habn Sie mir in mei Zeugnis gschriebn: Er hat keine Ausdauer ...!«

*

»'s Biertrinka macht an Menschn dumm!« hat dersell Lehrer zu seine Kinder gsagt. »Merkts euch dös und denkts allerweil an mi!«

*

»Du hast an Appetit!« hat dersell Bauer im Wirtshaus zum Lehrer gsagt. »Dös is no gar nix«, hat der gsagt, »du müasserst mi erst amol seghn, wenn i wo eigladn bin!«

*

»Stimmt dös«, hat dersell Viehhandler gsagt, »daß euer Lehrer gstorbn is?« »I woaß net, ob 's stimmt«, hat der Bauer gsagt, »eigrabn habn s' 'n!«

»Lacha taat i«, hat dersell Bua gsagt, wia er mit seiner Muatter wallfahrtn geh hat müassn, »wenn d' Muattergottes net dahoam waar ...!«

*

»Herr Pfarrer«, hat dersell Ministrant gsagt, »i woaß a Wort , dös geht mit A an und hört mit -och auf.« »Geh, so was sagt mer net!« »Warum? Aschermittwoch!«

*

»– dös hoaßt: Katholisch muaßt bleibn!« hat dersell Bauer zum Urlauber gsagt, wia der wissn wollt, was dö Buachstabn K + M + B über der Tür bedeutn.

*

»Seltsam, seltsam«, hat dersell Bauer philosophiert, »alle, dö übern Kopf eingschirrt werdn, habn eahrane Suchtn (Eigenheiten): d' Ochsn, d' Weiber und d' Pfarrern!«

»Heut hast aber weng zum Beichtn ghabt ...!« hat dersell Pfarrer zum Schuaster gsagt. »Ja mei«, hat der gmoant, »dö andere Hälfte trag i zum Koopratern umi, weil der aa seine Schuah richtn laßt bei mir ...!«

*

»Dös Feld hast aber mit Gottes Hilfe wieder schön hergricht!« hat der Pfarrer an selln Bauern globt. »Ja«, hat der gsagt, »dös hättst aber seghn solln, wia 's unser Herrgott no ganz alloans bewirtschaft hat ...!«

*

»Geh weiter z'ruck«, hat dersell Bauer gsagt, wia si oaner von einer andern Pfarrei im Flurumgang vor eahm einidrucka wollt, »– dös is *unser* Herrgott!«

*

»Hat di der Herrgott wieder gsundgmacht?« hat dersell Pfarrer dös alte Weiberl gfragt. »Ja«, hat s' gsagt, »aber der Doktor hat mir d' Rechnung gschickt ...!«

»Vom Himmel hoch, da komm ich her ...!« hat dersell Pfarrer gsungen, wia er vom Weinkeller affakemma is.

*

»Herr, Vergelt's Gott!« hat dersell Pfarrer gsagt, wia eahm der Wind beim Brevierbetn allerweil so schnell umblattlt hat, »– i hätt mir 's net traut!«

*

»Die Hirten haben das Kind angebetet, Ochs und Esel standen in der Ecke, nur die Kamele blieben draußen!« hat dersell neue Pfarrer predigt, wia d' Manner in der Kirch net vüri ganga san.

*

»Is jetz der allerweil no net befördert ...?« hat si dersell General gwundert, wia der Pfarrer dös Evangelium vom Hauptmann von Kapharnaum vorglesn hat, »Hauptmann is er ja scho in meiner Schulzeit gwen ...«

»Mehr Weihwasser!« hat dersell Pfarrer bei der Tauf zum Mesner gsagt, wia d' Eltern gsagt habn, daß der Bua Alfred-Julius Carl-Georg Friedrich-Wilhelm hoaßn soll.

*

»Herr Pfarrer, gilt die Firmung überhaupts«, hat diesell Muatter gfragt, »wenn der Firmpat am Buam net amol a Uhr schenkt ...?«

*

»– aber z'erst möchtn mir no a bisserl was essn!« hat dössell Brautpaar gsagt, wia der Pfarrer bei der Trauung gsagt hat: »Nun geht hin, seid fruchtbar und mehret euch!«

*

»Soll i Eahna aa a paar neihaun!« hat diesell Pfarrerköchin zum Kooperator gsagt, wia s' 'm Herrn Pfarrer Ochsnaugn gmacht hat.

»Rühr mich nicht an, irdischer Mann!« hat diesell Klosterschwester gsagt, wia s' af 'm Glatteis ausgrutscht is und ihr oaner afhelfa wollt. »Nachher bleibst hocka, himmlische Docka!« hat der gsagt.

*

»Aber der Gstank, der Gstank!« habn d' Leut zum Oasiedl (Einsiedler) gsagt, der an Goaßbock in der Kammer ghabt hat. »Der hat si scho dran gwöhnt!« hat der Oasiedl gsagt.

*

»San ebba nächsts Jahr scho wieder Wahln?« hat dersell Pfarrer gfragt, »weil der Burgermoaster mit der Fronleichnamsprozession geht.«

*

»Mei Großvater hat ojs, was er ghabt hat, eim Kinderheim vermacht!« hat dersell Bürgermoaster recht angebn. »Ja, dös woaß i no«, hat der ojde Bauer gsagt, »sechs ledige Kinder!«

»Der is so schwarz«, hat dersell Gemeinderat vo seim Burgermoaster gsagt, »daß allerweil 's ganze Sitzungszimmer voller Ruaß is, wenn er oan laßt ...«

*

»Dös is der Gemeinderat«, hat dersell Burgermoaster zum Minister gsagt, »der bei der letztn Zuchtviehausstellung an erstn Preis kriagt hat ...!«

*

»Heut is Siebenschläfer«, hat dersell Lehrer gsagt, »da habn die Beamtn Namenstag!«

*

»Unser Chef is a typischer 08/15-Beamter«, hat dersell Angestellte gsagt, »er hat null Ahnung, sitzt jedn Tag seine 8 Stunden ab und laßt si nach A 15 zahln!«

»– der hat vielleicht die Ruhe weg!« hat dersell Beamte vo seim Chef gsagt, »vor vier Wochn habn mir eahm an Schreibtisch zuagnaglt, und bis heut hat er's no net gspannt!«

*

»'s Ordnkriagn is koa Kunst«, hat dersell Politiker gsagt. »Den drittn hab i kriagt, weil i scho zwoa ghabt hab, den zwoaten hab i kriagt, weil i scho oan ghabt hab, und den erstn hab i kriagt, weil i no koan ghabt hab ...!«

*

»Sie müassn aber scho früah gangen sein!« hat diesell Sekretärin gsagt, wia ihr Chef gsagt hat, daß er sie aufm Volksfest auf 'm Tisch tanzn hat seghn.

*

»Alte«, hat dersell Bauer gsagt, »wenn i Durscht hab, nachher weckst mi!« »Und wann hast Durscht?« hat d' Bäuerin gfragt. »Wannst mi weckst!«

»Dös Schönste am Wirtshaus is«, hat dersell Bierdimpfi gsagt, »man is net dahoam und is aa net an der frischn Luft ...!«

*

»Komisch«, hat dersell Bierdimpfi gsagt, »wenn i an eim Wirtshaus vorbeigeh, kann i net widerstehn, und wenn i außerkimm, kann i aa wieder net stehn!«

*

»Jetz wenn i 's wüßt'«, hat dersell Bauer im Wirtshaus gsagt, »ob i drei Halbe Bier trinka und um zwölfi hoamgeh wollt, oder ob i zwölf Halbe Bier trinka und um drei hoamgeh wollt ...«

*

»Ich bin ab jetzt mit fließendem warmen Wasser ausgestattet!« hat dersell Wirt inseriert.

*

»Werdts bloß net frech!« hat diesell Bedienung zu dö Gäst gsagt, wia sie s' gfragt habn, ob s' Schweinshaxn hat.

»A kloans Schnitzl!« hat dersell Gast verlangt. »Mir habn koane kloana«, hat d' Wirtin z'ruckgebn, »nimm a groß, die san eh kloa ...!«

*

»Oma, geh außer!« hat dössell Wirtsdeandl in d' Küch einigschrien, »da is oaner da, der sagt, eahm hungert wia an Wolf ...!«

*

»Jetz mirkst dir 's amol«, hat dersell Bierdimpfi zu der neua Kellnerin gsagt, »– die erstn fünf Maß allerweil a Dunkls!«

*

»I mag die Karpfn bloß blau!« hat dersell Pfarrer zum Wirt gsagt. »I mag s' aa, wenn i nüchtern bin!« hat der Wirt gsagt.

*

»Heit ham mir chinesisch gessn«, hat dersell Bua zu der Muatter gsagt, »a weng weng!«

»Essen Sie das allein?« hat dersell Sommerfrischler gsagt, wia der Einheimische vor am Mordstrum Schweinshaxn gsessn is. »Nna«, hat der gsagt, »do iß i no Knödl dazua und a Kraut!«

*

»Wenn der Bauer a Henn ißt«, hat dersell Doktor gsagt, »nachher is oans krank: entweder der Bauer oder d' Henn!«

*

»Euer Bua is am Telefon«, hat dersell Wirt zu dem vergnügten Ehepaar gsagt, »er möcht wissen, ob er dö Feuerwehrmanner a Trinkgeld gebn soll ...«

*

»– hat dös Wirtshaus a niedere Deckn!« hat dersell Bsuffene gsagt, wia er am nächsten Tag unterm Bett wach wordn is.

»Wennst wieder amol so vuj Durscht hast«, hat diesell Bedienung im Bierzelt zum Pfarrer gsagt, wia der bloß zwoa Maß trunka und acht Brezn gessn hat, »nachher gehst in a Bäckerei ...!«

*

»Ja, wenn Sie a so anfanga«, hat dersell Bauer zum neua Doktor gsagt, wia eahm der 's Biertrinka verbotn hat, »wirst di kaam haltn könna bei uns ...!«

*

»Recht hast«, hat dersell Bauer gsagt, wia der Student gsagt hat, daß er Wirtschaftswissenschaftn studiert, »gsuffa wird allerweil!«

*

»Dös Geld wenn i hätt, dös i scho versuffa hab«, hat dersell Bierdimpfi zum andern gsagt, »da kannt i saufa ...!«

»Dös is koa Kunst«, hat dersell Bauer gsagt, wia eahm der Lehrer erzählt hat, daß a Kamel vierzehn Tag ohne Wasser lebn ko, »– i hab scho 14 Jahr koans mehr trunka!«

*

»Dös kann mir höchstns beim Zähnputzn eiglaafa sei«, hat dersell Bauer gsagt, wia eahm der Doktor erklärt hat, daß er Wasser in dö Füaß hat.

*

»Macht nix«, hat dersell Bayer gsagt, wia 'n der Preiß dummerweis mit der Limonad angspritzt hat, »ins Mäui is mir ja nix ei!«

*

»Warum sagst denn allerweil ›Jetz gebts amol a Ruah!‹?« hat der Bierdimpfi an andern gfragt. »Mei«, hat der gsagt, »acht Maß hab i trunka, und jetz möchtn vier obn außi und vier unt ...«

»Die letzte Wocha bin i grad zwoamal bsuffa gwen« hat dersell Bauer zum Pfarrer gsagt, »oamal drei Tag und oamal vier Tag!«

*

»Moanst vielleicht i bin blöd«, hat dersell Bsuffene gsagt, »und buck mi um dös Fuchzgerl und um zwanzg Mark a Bier laufert mir außer!«

*

»Was willst denn?« hat dersell gsagt, wia sei Nachbar im Wirtshaus amol außiwolln hätt, »'s Wasser suacht si scho sein Weg ...!«

*

»Wia der Blitz«, hat dersell Bua zu der Muatter gsagt, »is gestern der Papa vom Wirtshaus hoam.« »So schnell?« »Nna, so zickzack!«

*

»Du hast vielleicht an Rausch ghabt«, hat diesell Bäuerin zu ihrm Mo gsagt, »d' Hosn hast ins Bett glegt und di hast über 'n Stuhl ghängt!«

»Kenna tua i di zwar net«, hat dersell Bsuffene gsagt, wia er in der Früh in 'n Spiagl neigschaut hat, »aber rasiern tua i di trotzdem ...!«

*

»Manchmoj trink i bloß an die fuchzehn Halbe am Tag«, hat dersell Maurer zum Doktor gsagt, »aber nachher gibt 's wieder Zeitn, da kann i mi überhaupts net beherrschn ...«

*

»– weil 's eahna d' Bierflaschn zreißert!« hat dersell Bua gsagt, wia der Lehrer gfragt hat, warum die Maurer im Winter nix arbeitn.

*

»Ja, so genau derfst as du net nehma!« hat dersell Maurer zum Lehrbuam gsagt, wia der mit 'm Meterstab daherkemma is.

*

»D' Baustell kannst dir meinetwegn scho oschaugn«, hat dersell Maurer zum Limburger Kaas gsagt, wia der 's Laafa ogfangt hat, »aber um neune muaßt wieder do sei zu der Brotzeit!«

»Der is ja no ganz warm!« hat dersell Mesner gsagt, wia er bei der Kirchnrenovierung a Apostlfigur außitragn hat – derweil hat er an Maurer derwischt ghabt.

*

»Geh in d' Küch außi«, hat dersell Schreiner zum Lehrbuam gsagt, »und hol mir dö alte Beißzang!« »Moasterin«, hat der Bua gsagt, »da Moaster hat gsagt, er braucht di ...!«

*

»Kehr 's Schlachthaus z'samm!« hat dersell Metzger zum Lehrbuam gsagt, »nachher machn ma Leberwürscht!«

*

»Moaster, wenn dös außerkimmt, was do eikimmt«, hat der Metzgerbursch gsagt, wia der d' Würscht gmacht hat, »nachher kemma ma nei, daß ma nimmer außerkemma ...!«

»Die sehn mir nimmer!« hat dersell Heimwerker gsagt, wia eahm sei Wei erzählt hat, daß der Nachbar d' Bohrmaschin z' leiha gnomma hat, »dös is nämli die sei ...«

∗

»Dös is net der Kilometerstand«, hat dersell Kfz-Meister an Kundn afklärt, »dös is d' Rechnung!«

∗

»– und wenn i dö ganze Nacht durcharbertn muaß«, hat dersell Einbrecher zu seim Rechtsanwalt gsagt, »Sie kriagn Eahra Honorar!«

∗

»Jetzt stammt der Bua aus einer Vernunftehe«, hat dersell Vater gsagt, »und is so dumm!«

∗

»Dös braucht 's doch net!« hat diesell Burgermoasterin gsagt, wia s' in der Christmettn erst beim Evangelium in d' Kircha kemma is und d' Leute alle afgstandn san.

»Dös hätt i net glaubt, daß der Herrgott aa krank werdn ko!« hat diesell Bäuerin gsagt, wia s' in der Zeitung glesn hat: »Gestern abend rief Gott der Allmächtige Herrn Dr. Schmidt zu sich.«

*

»Dös is a guate Idee«, hat dössell Wei gsagt, wia ihr der Mo erzählt hat, daß er jetz die Miete von der Sparkass überweisn läßt, »– dö habn aa mehr Geld!«

*

»Aber Kinder derf er net vuj habn!« hat diesell Bäuerin gsagt, wia s' ghört hat, daß in dös Häusl der Transformator eikimmt.

*

»Man möcht 's net glaubn, wia vuj arme Leut daß 's heutzutage no gibt!« hat diesell Bäuerin gsagt, wia s' 's erste Mal an eim FKK-Gelände vorbeikemma is.

»Iglo, Langnese und Dr. Oetker!« hat dössell Deandl gsagt, wia der Lehrer gfragt hat, wia dö drei Eisheilign hoaßn.

*

»– und net amol gheirat san s'!« hat diesell Bäuerin gsagt, wia im Dorf a Italiener a neue Wirtschaft afgmacht und drüber gschribn hat: *Ristorante und Pizzeria.*

*

»Dös hätt i net glaubt«, hat diesell Bäuerin gsagt, »– jetz fahrt der a Lebn lang Mujch – und stirbt an Alkoholvergiftung!«

*

»Tua fei d' Augnglasln oba«, hat diesell sparsame Muatter zum Buam gsagt, »wenn 's nix zum Seghn gibt!«

*

»Mit mir können Sie wirklich zufrieden sein!« hat dersell neue Museumsangestellte zu seim Chef gsagt. »I hab heut scho drei Rembrandt und zwei Tizian verkaaft!«

»Mir kanntn eigentli wieder amol in 'n Tiergarten geh!« hat diesell Frau Direktor gsagt, wia s' glesn hat, daß die Stadt einen Murillo ankauft hat.

*

»Tot oder lebendig?« hat dersell Zöllner gfragt, wia der Autofahrer angebn hat, daß er a halberte Sau im Kofferraum hat.

*

»Dös hoaßt net *Stenglmar*, sondern *Sankt Englmar!*« hat dersell Waldler sein Urlaubsgast aufgeklärt. »Wo warn S' denn letzts Jahr?« »In der *Sankt Eiermark!*« hat der gsagt.

*

»›Platz‹ hoaßn Sie?« hat dersell Standesbeamte gfragt. »Nachher san S' gwiß a Verwandter von dem Markus Platz in Venedig?«

»Bei der Post habn s' vielleicht a Schlamperei!« hat dössell Wei gsagt. »Mei Mo is zur Kur in Bad Aibling, und dö Kartn, dö er der Nachbarin gschickt hat, hat an Poststempl vo Paris!«

*

»Man möcht 's net glaubn, wia die Gelbe Post jetz spart!« hat dersell Mo zu seim Wei gsagt; »grad is mir im Treppenhaus a Postbot in der Unterhosn entgegenkemma ...«

*

»Gott sei Dank, jetz wird 's Finanzamt afglöst«, hat dersell Bauer gsagt, »heut is a Briaf kemma, da is dringstandn: *Letzte Mahnung!*«

*

»Ich schicke Ihnen die Prospekte wieder zurück und teile Ihnen mit, daß ich Ihrem Verein nicht beitrete!« hat dersell Bauer 'm Finanzamt z'ruckgschriebn, wia s' eahm dö Formulare für d' Einkommensteuer gschickt habn.

»I nimm liaber 's Geld!« hat dersell Verurteilte gsagt, wia der Richter gmoant hat: »Entweder 500 Mark oder zehn Tage Haft!«

*

»Gar nix kann ma eahna recht macha!« hat dersell Zuchthäusler gsagt. »Brichst ei, paßt 's eah net, brichst aus, paßt 's eah aa wieder net!«

*

»Schön gengan s' scho, dö neumodischn Uhrn«, hat dersell Bsuffene gsagt, wia er an Ventilator angschaugt hat, »wenn ma no d' Ziffern besser lesn kannt ...!«

*

»Dö Japaner san vielleicht Hund«, hat dersell gsagt, »jetz hab i mei Radio erst a paar Stund – und scho kann er Deutsch!«

*

»I net, aber d' Franzosn!« hat dersell Bayer gsagt, wia s' 'n gfragt habn, ob er in Frankreich Schwierigkeitn mit seim Französisch ghabt hat.

»– dö müassn uns kenna!« hat dersell Burschnvereinsvorstand gsagt, wia s' af Paris gfahrn san und am Bahnhof allerweil oaner gschrien hat: »Bagasch, Bagasch ...!«

*

»– du mi aa!« hat dersell Bayer gsagt, wia eahm in Frankreich am Bahnhof oaner nachgschrien hat: »Bon voyage (Gute Reise)!«

*

»In Paris«, hat dersell Bauer gsagt, »sprechn s' fast alle Bayerisch. I bin in an Schuahgschäft gangen, da habn s' glei gsagt zur mir: ›Bonjour!‹ – und i drauf: ›Ja, a Paar braune!‹«

*

»Drum kaaft si die alle paar Wocha a neus Gwand!« hat dersell gsagt, wia eahm der Doktor erklärt hat, daß sei Wei a Stoffwechslkrankheit hat.

»Mir hättn fei aa a Kabine!« hat die Verkäuferin im Modehaus gsagt, wia diesell Bäuerin gfragt hat, ob s' dös Gwand im Schaufenster anprobiern ko.

*

»Nachher stell mer halt in Gotts Nam' no a Bett ei!« hat dersell Hausherr gsagt, wia der Student gfragt hat, ob er af 'm Zimmer mit seiner Mandoline spujn derf.

*

»O mei, wia sollt i da hikemma?« hat dössell Muatterl gjammert, wia der Pfarrer predigt hat: »Suchet das Reich Gottes zu *Erlangen!*«

*

»Was taat denn i z' Afrika?« hat dersell Bayer gsagt, wia 'n z' Hamburg a dunklhäutige Schönheit gfragt hat: »Na, Süßer, kommst du mit ...?«

»Mit dem Nam' kann i Eahna fei leider net eistelln!« hat dersell Personalchef zu dem Bewerber gsagt, der *Feierabend* ghoaßn hat. »Stelln S' Eahna vor, i schrei Eahna amol ...«

*

»Die hab i abmontiert!« hat dersell Autofahrer gsagt, wia 'n der Polizist gfragt hat, wo er die Scheibnwischer hat, »weil mir Eahrane Kollegn allerweil Bettlbriaf hingsteckt habn ...!«

*

»Mir san a so a christliche Familie«, hat dersell Bauer zum neua Pfarrer gsagt, »daß mir sogar d' Nähmaschin von *Pfaff* habn!«

*

»Hochdeutsch kannt i scho«, hat dersell Bauer zum preißischn Urlauber gsagt, der sein Dialekt net verstandn hat, »aber wenn i dös red, nachher verstehst überhaupt nix mehr ...!«

*

»Wer lang lebt«, hat dersell Bauer gsagt, »der kann leicht alt werdn!«

Nachwort

Kommt einer in eine Tierhandlung und kauft sich einen jungen Raben. Sagt der Verkäufer: »Der wird fei 200 Jahr alt ...!« – der Käufer drauf: »Da bin i aber gspannt ...!«
Das ist eines von 265 Sagte-Sprichwörtern des Bändchens »Philogelos« (Freund des Lachens) aus dem Athen der Zeit um 350 n. Chr.
Offensichtlich gehören solche Mini-Schwänke zum Uralt-Bestand der europäischen Volkspoesie. Sie lassen sich über die griechischen Parasiten und die römischen Lustspielautoren zu den mittelalterlichen Spruchdichtern verfolgen, sie zählten zum Repertoire der Hofnarren an den Fürstenhöfen (aber auch Klöstern) der Renaissance und wurden von den Barockpredigern zumindest in das obligatorische Ostermärlein eingebaut, mit dem sie den risus paschalis (das Ostergelächter) provozierten.
Das »Strickmuster« dieser Sagte-Sprichwörter ist relativ unkompliziert:
I. Die Vorstellung einer überschaubaren Ausgangssituation, d. h. einer ernsthaften sprichwörtlichen Erfahrung oder Redewendung,
II. eine stereotype Überleitung mit einem imaginären Subjekt (»... hat dersell gsagt«),

III. das abrupte Umschlagen zur humorvoll-grotesken bzw. nicht erwarteten Situation; d. h. viele von diesen Sprüchen funktionieren nach dem Prinzip der falschen Analogie: Denkschemata werden so übertragen, daß sie in den angesprochenen Fällen eben nicht passen und sich statt dessen absurde Konsequenzen ergeben.

Stark komprimiert, verknappt und verdichtet werden diese Sprüche an einem feststehenden Topos (z. B. dem arbeitsscheuen Knecht, der moralisch etwas liederlichen Magd, der um so tugendhafteren Pfarrerköchin oder anderen Stereotypen) als »Pointenträgern« aufgehängt. Dabei zeigt es sich, daß Alltagserfahrungen früherer Zeiten und Strukturen wesentlich durchsichtiger und plausibler darzustellen sind als heutige – wohl nicht zuletzt deshalb, weil die emotionalen Beziehungen untereinander intensiver waren als heute und menschliche Gebrechen, Mängel und Untugenden auch sonst häufig genug Gegenstand der Unterhaltung waren.

Hin und wieder freilich glaubt man bei näherem Hinsehen in diesen Sprüchen immer noch Ziegenfell und Bocksfuß des herumvagabundierenden griechischen Hirtengottes Pan zu erkennen, weshalb Dr. Edmund Hoefer, der 1854 ein kleines Bändchen solcher »sprichwörtlichen

Redensarten« herausgab, in seinem Vorwort zur 1. Auflage schrieb: »Für Damen und für schreckhafte Gemüther eignen sie sich allerdings nicht.« Vielleicht wäre es deshalb sinnvoller gewesen, dieses Nachwort als Vorwort meinem Musterkofferl voranzusetzen ...

Josef Fendl